JN065533

障害のある人のための

ワークブック

だいじな

じょうずな

お金の つかい方・ まもり方

読んで 書いて チカラ になる！
11の ヒケツ！

江國 泰介 著

ジアース教育新社

この本のつかい方

1．人生には　いろいろお金が　かかります！

◆あなたは、いま、どこで、だれとくらし、朝になると、どこに通っているでしょうか？
そして休みの日には、どこで、だれと、どんなことをして過ごしているでしょうか？

◆生活をし、日中はどこかに通い、休みの日にはキブン・テンカン！

　…人生には、いろいろお金が、かかりますね。

◆いま、学校に通っている人は、そうしたお金を、だれかに出してもらっていることでしょう。

　でも、社会人になると、人によってちがいますが、給料や工賃、障害年金、手当など、自分が手にするお金で、ナントカやっていかなければなりません。

2．この本は…
　お金を「やりくり」する力を　つける本です！

「限られたお金で　人生を　ナントカやっていくこと」を「やりくり」といいます。

◆この本は、お金の「やりくり」について…
　　考えて → しらべて → たしかめて
　　…学ぶことが、できる本です。

◆「やりくり」のためには、あやしいさそいをことわって、お金をまもることも、大切です。
　この本には、ことわる練習（👫マーク）ものっています。ぜひ、やってみてください。

◆また、　だいじなことを、うたでおぼえるための「かえうた」も、のっています。
　「♬うたで　おぼえる　だいじな　ヒケツ♬」
　ぜひ、うたってみてください。

3．この本を　完成させるのは　あなたです！

◆この本には、書きこむところ（✍マーク）が、
たくさんあります。
「はじめから書いておいてくれればいいのに…」
と思った人も、いるかもしれません。

◆書きこむところが、たくさんあるのには、理由
があります。
　　１）読むだけではなく、「考えて→書きこむ」ほ
　　　　うが、もっと「やりくり」のチカラがつく！
　　２）「手にする金額」も、「お金のつかい方」も、
　　　　人によってちがう。
　　この２つが、その理由です。

◆読んで → 考えて → 書きこんで…
　世界にたった一つだけの、
　『あなたのための「お金のやりくり」の本』！
　　完成させるのは、
　　✍＿＿＿＿＿＿＿さん（← あなたの名前）
　　　　　　　　　　自身なのです！

もくじ

この本で、考え・しらべ・たしかめたいこと

1 だいじな　お金を　じょうずに　つかう
じょうずな「やりくり」7つのヒケツ！

2 だいじな　お金を　じょうずに　まもる
トラブル防止の　4つのヒケツ！

3 **お金との いいつきあいを！**

社会人としての 自覚と誇りをもって

コラム

あとがき

はじめに

お金にできることって、なんだろう？

考えてみよう！

 ここに 5,000 円があるとします。

この 5,000 円で、どんなことができるでしょうか？

考えてみましょう！

> 5,000 円があれば…

しらべてみよう！

 5,000円があれば、どんなことができるでしょう。左の【お金にできること】と、右の【たとえば、どんなことができますか？】を線でむすんでみましょう！　ほかに気づいたことも、右がわの下に書きこんでみましょう。

お金にできること		たとえば、どんなことができますか？

（1）ものと とりかえる ●

（2）サービスと　とりかえる ●

（3）とっておく ●

（4）人を助ける ●

● 電車・
バスにのる

● タブレットを
買うために
ちょきん
貯金をする

ぼ きん
● 募金をする

にく
● お米、お肉、
やさいを買う

び ょういん
● 美容院へ行く

● _ _ _ _ _ _ _ _ _ _ _ _ _ _ _

● _ _ _ _ _ _ _ _ _ _ _ _ _ _ _

たしかめてみよう！

1 お金はパワーだ！

1） ✍ 5,000 円で、自分の好きなものが、いくつ買えるか？ 好きなことが、何回できるか？ たしかめてみましょう！

わたしの好きなもの／ことは、

_____ です。

これは、1個／1回_____円**(A)** です。

5,000 円 ÷ | **(A)** | 円

= | | 個買えます！／回できます！

☞お金には、「**パワー**」（ちから）がありますね！

2） ✍ 5,000 円の2倍は？…10,000 円！

10,000 円 ÷ | **(A)** | 円

= | | 個／回

…パワーも2倍ですね！

② 働くことは、仕事のパワーを出して、お金のパワーと交換すること

1) 🖋 5,000円を手にするためには、何時間働く（=パワーを出す）必要がありますか？

あなたがくらす都道府県の最低賃金（時間給：B）で、計算してみましょう！

5,000円 ÷ [　　　　　] 円…(B) ←1時間あたりの
最低賃金（時間給）

＝ _____ 時間 _____ 分

☛お金をかせぐには、**パワー（働くちから）**がいりますね！

2) 🖋 5,000円の2倍は？…10,000円！

これを**かせぐ**には？

10,000円 ÷ [(B)　　　　　] 円

＝ _____ 時間 _____ 分

☛2倍のお金を**かせぐ**には、2倍の**パワー**がいりますね！

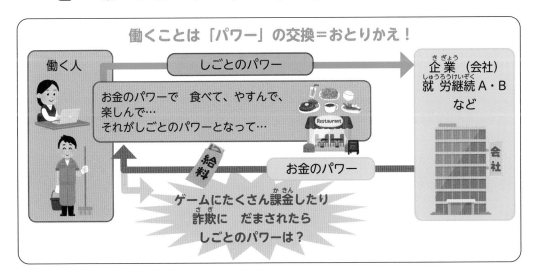

働くことは「パワー」の交換＝おとりかえ！

働く人 — しごとのパワー → 企業（会社）就労継続A・B など

お金のパワーで 食べて、やすんで、楽しんで…
それがしごとのパワーとなって…

給料

お金のパワー

ゲームにたくさん課金したり
詐欺に だまされたら
しごとのパワーは？

1

だいじな お金を じょうずに つかう

じょうずな「やりくり」 7つのヒケツ！

給料は ぜんぶ
自由に つかいたい！？
でも…

ヒケツ 1　くらしに　かかる　お金を知っている

考えてみよう！

● あなたが毎日くらしていくためには、どんなことに、お金がかかっているでしょうか？

● 将来、グループホームでくらしたり、アパートで一人ぐらしをするには、いくらぐらいかかると思いますか？

しらべてみよう！

 朝のくらしを思いうかべ、必要になるお金を しらべてみましょう。また、左の①～⑬は、 右の【お金のわけ方】の、どれと関係がある でしょうか？ すべて線で結んでみましょう。

朝のくらし

▼ ある冬の朝、アパート①の自分 　のへやで目覚めたＡさんは… 　　①

▼ エアコン②をつけ、 　　②
　トイレ③をすませて顔をあらい、 　　③
　歯みがき④をしてキッチンへ 　　④

▼ 朝ごはんは、紅茶にパン⑤、 　　⑤
　炒めた⑥ほうれん草とベーコン 　　⑥
　を食べました。

▼ スマホ⑦を見ると、友だちから 　　⑦
　LINE がきていたので、返信！

▼ 食後の薬⑧を飲んだあと、 　　⑧
　もういちど歯みがきをして、
　きのうカット⑨した髪を整え、 　　⑨
　通勤着⑩に着がえます。 　　⑩

▼ ハンカチ、ティッシュ、時計、
　さいふ、スマホ、定期券⑪、 　　⑪
　筆記用具、通勤中に読む本⑫、 　　⑫
　忘年会費⑬の封筒を確認して、 　　⑬
　さあ出勤！きょうもがんばるぞ！

お金のわけ方

● 衣：着る（被服費）
　シャツ、コートなど

● 食：食べる（食費）
　米、パン、弁当など

● 住：住む（住居費）
　家賃など

● 光熱水費
　電気代、水道代など

● 清潔（保健衛生費）
　美容院など

● 健康（医療費）
　診察費、薬代など

● 日用品費
　歯ブラシなど

● 学ぶ・楽しむ
　（娯楽教養費）
　本・ゲームなど

● つながる（通信費）

● うごく（交通費）

● つきあう（交際費）

たしかめてみよう！

1 あなたがくらしている家や施設（しせつ）を、見わたしてみましょう。毎月買うわけではないけれど、あなたの生活に必要（ひつよう）なものが、たくさんありますね。

✏️ **あなたのまわりには、どんなものがありますか？**

$$\begin{array}{|c|} \hline \\ \\ \\ \\ \hline \end{array}$$

2 将来（しょうらい）、いまくらしている家や施設から「一人ぐらしのアパート」や「グルーホーム」に移（うつ）るときは、家具（かぐ）や電化製品（でんかせいひん）、食器（しょっき）、ふとんなどを買うためのお金が必要になります。

👉 さらに、「引越（ひっこ）し代（だい）」や、アパートを借（か）りるときには「敷金（しききん）・礼金（れいきん）」なども必要になります。

✏️ **どんなことに、どれくらいのお金がかかるか、たしかめて次のページの表に書きこみましょう。**

◆家賃 48,000 円、★管理費 2,000 円として

★敷金：48,000 円× 2 か月	
★礼金：48,000 円× 1 か月	
★仲介料：48,000 円× 0.5 か月	
前家賃：48,000 円＋ 2,000 円	
★火災保険料：15,000 円	
★カギ代：15,000 円	
引っ越し代：1 ～ 10 万円	
合　計　①	
★洗濯機	
テレビ	
★冷蔵庫	
★電子レンジ	
★炊飯器	
テーブル	
ベッド（ふとん）	
その他・雑貨・日用品	
合　計　②	
①＋②の合計金額	

＊アパートを借りる費用には地域差があります。

★印のものは、グループホームに移る場合には、かからないことが多いです。

☞不動産屋さんの店頭の掲示や、インターネットなどでしらべてみましょう。

③ ✎ これらのお金を出せるようになるためには、なにが必要ですか？

[　　　　　　　　　　　　　　　　　　　　　　　　　　]

ヒケツ 2 「必要（ひつよう）」と「ほしい」の ちがいに 気づく

考えてみよう！

1 こういう人が いました …B さんです！

● お昼代（ひるだい） マンガに つかって 午後 へろへろ！

● 仕事ぐつ ボロボロでもいい おしゃれがしたい！

このお金のつかい方を、あなたはどう思いますか？

[
　
　
　
　
　
]

☞ お金をつかうとき、**「必要」** と **「ほしい」** があることを知っておきましょう！

上の例（れい）で、「本当に必要なもの／こと」は、次のうちどれとどれですか？

　☐ 昼食　　　　☐ マンガ　　　　☐ 仕事ぐつ

　☐ アクセサリー

B さんの中で、「ほしいものにお金をつかいた〜い！」という気持ちにさせる妖怪（ようかい）「ツカイタイガー」が、かなり力をつけてしまっているようですね。

② こういう人も　いました　…Ｃさんです！

● お昼代　友に　はらわせ　ひたすら　貯金<small>ちょきん</small>！

　☞ Ｃさんとは、友だちになりたくないですね。

● 仕事ぐつ　ボロボロでも　いい　貯金がしたい！

　🖊️ このお金のつかい方や、ため方を、どう思います

　か？

[　　　　　　　　　　　　　　　　　　　　　　　　　　　　　]

　☞ 「本当に**必要なもの／こと**」には、お金を出
　さないといけない　…ということを、知って
　おきましょう！

　Ｃさんの中で、「とにかく　お金をためた～い！」とい
　う気持ちにさせる妖怪<small>ようかい</small>「タメゴン」が、かなり力をつけ
　てしまっているようですね。

しらべてみよう！

✎ **お金があまりないとき、どちらを優先しますか？**

□ 「本当に必要なもの／こと」に、お金をつかう

□ 「ほしい！ と思ったもの／こと」に、お金をつかう

➡ 「ほしい！ と思ったもの／こと」は、お金が
あまりないときには、「がまん」です！

✎ **お金のやりくりでだいじなのは、どちらでしょう？**

□ 計算ができること

□ 「必要」と「ほしい」のちがいに気づくこと

➡ 「計算が苦手だから、やりくりができない！」
という人がいます。でも、計算は電卓がやっ
てくれます。

・「必要」と「ほしい」のちがいに気づいたり、
次のヒケツ３で学ぶ、「買いたい衝動を、ぐっ
とこらえること」は、だれもかわりにやって
くれません。

・こうしたチカラ＝「金銭感覚」
こそ、やりくりのチカラになる
のです！

ほしい

たしかめてみよう！

いま、お金があまりないときだったら、どうしますか？　左がわの「もの／こと」を右がわの2つのカートに、線で結んでわけてみましょう！

 トイレット
ペーパー　●

 ゲーム
アイテム　●

 野菜などの
食材　●

 美容院へ
行く　●

 定期券　●

 病院へ
行く　●

 ライブの
チケット　●

 テーマ
パークへ
行く　●

● 優先順位1
本当に必要な
もの／こと

● 優先順位2
ほしい！と思った
もの／こと

ヒケツ 3 　買いたい衝動 ぐっと こらえる 一呼吸

考えてみよう！

1 こういう人が　いました　…Dさんです！

● 仕事ぐつ　買おうと思って　まちに行き
　見つけた『なにか』に　金は消え

✎ このお金のつかい方を、あなたはどう思いますか？

[　　　　　　　　　　　　　　]

➡ お金のつかい方には、次の２つがあることを知っておきましょう！

1）「買おう／やろう」と思って、「計画していたもの／こと」に、お金をつかう「**計画買い**」

2）「買う／やる」計画はなかったのに、見つけた『なにか』にお金をつかう「**衝動買い**」

✎ 「**計画買い**」はどちらでしょう？

　□ 仕事ぐつ　　□ 見つけた『なにか』

22

しらべてみよう！

1) ✏️ これまでをふり返って、「あれは、衝動買い（しょうどうが）だったなあ」と思うもの／ことは、ありますか？

　　□ ない

　　□ ある　┌ それはなんですか？　　　　　　　　　　　┐
　　　　　　 └　　　　　　　　　　　　　　　　　　　　　　┘

2) ✏️ 衝動買いで、手に入れたもの／ことは、どうでしたか？（いくつでも）

　　□ とてもよかった　　　□ あまりよくなかった
　　□ すぐ飽（あ）きた　　　□ 買わなければよかった

➡️ これらは、「売りこみの手口」です！

【値段（ねだん）】・安くなっています！

【時間】・いまだけ！期間限定（きかんげんてい）！

【　数　】・残（のこ）りあと〇個（こ）！

　　　　　・数に限（かぎ）りがあります

　　　　　・先着〇名さま限り！

　　　　　・おひとりさま、２個まで！

👉 キーワードは・・・「ほんとかな？」「つかうかな？」

👉 ひっかかって、買ってしまうのは

　　　　　　　　　　・・・「衝動買い」ですね！

たしかめてみよう！

1) 🖊 「お金のやりくり」を考える人は、どちらを
優先_{ゆうせん}した方がいいですか？

   □ 計画買い　　　□ 衝動買い_{しょうどうが}

2) 🖊 衝動買いをしないために、あなたがやってみ
ようと思うことはありますか？（いくつでも）

   □「ほしい！」…その衝動に気がつくようにする。

   □ お金を出す前に、1回深呼吸_{しんこきゅう}して、考えてみ
   るようにする。

   □ これを買うと、「残_{のこ}りのお金がいくらになるか」
   を計算する。

   □ 優先順位_{ゆうせんじゅんい}つきの「買いたいものメモ」「やり
   たいことメモ」を作る。

   □ 買い物に行くときは、計画を立てて、「買い物
   リスト」を持って行く。

   □ その他

こうならないぞ！　この本で　学ぶ　わたしたち！

お金のやりくりなどについて、相談のあった中には、次のような人もいました。

この本で学んでいるみなさんの参考になればと思い、紹介します。

なお、プライバシーに配慮して、細かい点は変えてあります。

■ 手にしたら　すぐにも　つかう　無計画　超高速リニアカー

「その速さは、まるでリニアカー」というくらい、お金をすぐにつかってしまう人がいます。「次におこづかいを、手にするまで、あと何日？」「だとしたら、1日につかえるお金は、何円くらい？」…と考えながら、やりくりできる人をめざしましょう。

■ 給料の　すべてが　こづかい　おれだけセレブ

実家でくらしている人の中に、たまにいます。生活費は、ご家族が出しているのでしょう。将来、一人ぐらしになったり、グループホームに移ったら、そんなわけにはいきません。給料や年金をもらうようになったら、実家にいても「一人ぐらし（グループホーム）をしているつもりの生活」をしたいものです。家賃・食費・光熱水費などを、実家に払うようにしましょう。

■「はじめて買う方200円！」　いいぞ！　安いぞ！　すぐクリック！

実は、「5本買うのが条件」で、「2本目からは1本5,000円」の高いシャンプー。画面の上や下の小さい文字も見落とさず、よくしらべてからクリックしましょう。

■ 身の丈を　知らずに　はまった　ブランド志向！

「ぼうしからくつまで、〇〇〇で決める！」…すてきですが、ブランドによっては、とても高くつきます。自分の収入、つかえるお金を考えながら、おしゃれを楽しみましょう。

ヒケツ4 お金を わけて じょうずに やりくり

考えてみよう！

1 これまでに 学んだことを ふりかえって みよう

【ヒケツ1】では、生活していくには、いろいろとお金がかかることを、学びました。

あなたも、着るため、食べるため、住むためなど、頭の中で、お金をわけることが、できるようになったと思います。

【ヒケツ2】では、お金をつかうときには、

「これって必要？ それとも ほしいから？」

「計画していた？ それとも 衝動買い？」

それぞれの、ちがいを知る＝**わけて考える**ことが大切！…ということを学びました。

「必要」と「ほしい」、「計画買い」と「衝動買い」、あなたも、わけることができますね。

② あなたなら　どうする？

「雑誌（ざっし）をたくさん買って、定期代（ていきだい）や 昼 食 代（ちゅうしょくだい）が なくなってしまった」…なんてことがないように、お金を区別（くべつ）するには、どうしたらいいでしょう？

☐「定期代」「昼食代」などと、お金に書いておく。

☐「定期代」「昼食代」などと、ふうとうやジッパーつきのふくろ、別（べっ）のさいふなどに、わけておく。

☐ 自分なりに、くふうする。

> どんなくふうをしますか？

27

しらべてみよう！

① おこづかいも　わけてみる

「おこづかいを　いつのまにか　つかってしまう」という人に提案^{ていあん}です。

☞ おこづかいを、「小ものこづかい」と「お楽しみ予算」に、わけてみませんか？

そして、じょうずに楽しむことができるかどうか、しらべてみましょう！

「小ものこづかい」と「お楽しみ予算」

◆小ものこづかい◆	◆お楽しみ予算◆
ふつうの「おこづかい」のお金です。 　飲みもの、お菓子^{かし}、文具^{ぶんぐ}、近くの交通費^{こうつうひ}などにつかいます。	月１回のお楽しみのためのお金です。 　本や雑誌^{ざっし}、ゲームソフト、趣味^{しゅみ}、洋服^{ようふく}などにつかいます。
＊節約^{せつやく}してあまれば、「お楽しみ予算」に移^{うつ}してつかえる	＊節約してあまった分が「お楽しみ予算」に！

「お楽しみ予算」の決め方

やり方A

はじめから毎月の金額を、決めておく方法

例：月 20,000 円のおこづかいから、毎月 3,000 円を

「お楽しみ予算」にすると決めておく

20,000 円	−	3,000 円	=	17,000 円
毎月のおこづかい		お楽しみ予算		小ものこづかい

やり方B

「先月のスマホ代＋お楽しみ予算」の合計金額を

決めておく方法

例：合計金額を毎月 10,000 円にすると決めておく

(1) スマホ代が 7,000 円なら

➡ 10,000 円− 7,000 円＝ 3,000 円

が「お楽しみ予算」になる

(2) スマホ代が 9,000 円なら

➡ 10,000 円− 9,000 円＝ 1,000 円

が「お楽しみ予算」になる

☞この方法は、スマホのつかいすぎにも、注意できます！

② 生活費を わけてみる

1）**やりくり**とは、「限られたお金で 人生を ナントカやっていくこと（4ページ）」でした。

◆また、人生をナントカやっていく（＝生活していく）ためには、食べる、住む、着る、楽しむ、つながる…など、いろいろなお金がかかることを、しらべ、たしかめましたね。

◆そして、じょうずにやりくりをしていくためには、お金をいくつかのグループにわけるといい！ということを、学びました。

2）そこで…みなさんに、必ず1回は、やってみてほしいことが、あるのです！

①1か月の生活費の「**予算**（＝つかう計画）」を立てる。

②予算の金額を、銀行口座からおろして、**現金**にする。

③現金を、「食べる」「住む」「着る」「楽しむ」などにわけて、**ふうとう**に入れる。

　そして、グループホームや一人ぐらし、二人ぐらしの生活を**はじめたつもりで**、家賃、光熱水費、朝夕の食費、日用品費などをわけてみましょう。実家でくらしている人は、グループホームにいるつもりで、家族に払いましょう。こうすると、生活費のイメージが、具体的につかめます。

　また、それぞれにわけたお金が、たりなくなることのないように、1か月もたせる**やりくり**をしてみましょう！

3）たとえば、下の図のように、わけてみましょう。

こんな感じで　わけてみよう

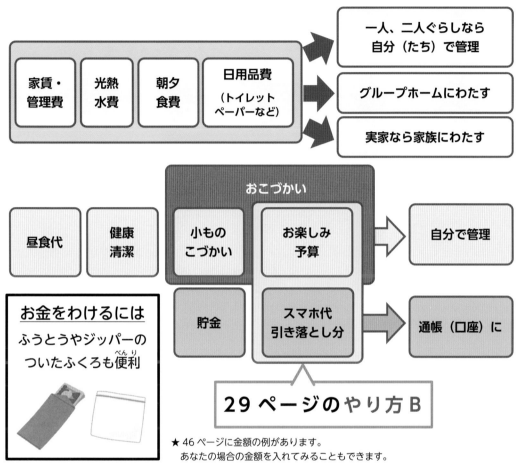

家賃・管理費　光熱水費　朝夕食費　日用品費（トイレットペーパーなど）→ 一人、二人ぐらしなら自分（たち）で管理 / グループホームにわたす / 実家なら家族にわたす

昼食代　健康清潔　おこづかい（小ものこづかい　お楽しみ予算）→ 自分で管理

貯金　スマホ代引き落とし分 → 通帳（口座）に

お金をわけるには
ふうとうやジッパーのついたふくろも便利

29ページのやり方B

★46ページに金額の例があります。
あなたの場合の金額を入れてみることもできます。

おこづかいや生活費をわけて、やりくりしてみたら、やってみた感想（かんそう）を書きましょう。

わけて、やりくりしてみたのは？

□ おこづかい　　　□ 生活費　　　□ 両方

やってみた感想

31

③ いろいろと　お金がかかるとき

　実家からグループホームやアパートに移るときなど、「いざ！」というときには、いろいろとお金のかかることがありそうです。これからの人生を思いうかべながら、しらべてみましょう！

▼学校を卒業し、仕事をはじめて１年になるＦさん。「いちど、大好きなバンドのライブに、行きたいなあ」と思いました。そこで、給料から毎月お金をためて、１０か月後にその夢が、実現しました！

「そのうち旅行もしたいな …」

▼次の目標は、実家からグループホームに移ること。テレビやふとん、引越し代などのために、お金をためていきました。

▼こうしてグループホームに引越したＦさん。ある夏の暑い日、なんとグループホームの冷蔵庫がこわれてしまいました！

しかし、世話人さんは、すぐに代わりを買いました。こうしたいざというときのお金は、ちゃんととってあるから、だいじょうぶなんだそうです。

▼ある年の冬、会社の同僚がスノボーで転んで骨折し、入院しました。また、大好きだったおじいちゃんが天国に。入院、お葬式…人生には、いろいろなことがあるんだな、と思ったＦさんでした。

▼グループホームに移ってから、早いものでもう８年。次の人生の夢は、グループホームを出て一人ぐらしをすること。グループホームに入るときにはいらなかった、敷金、礼金、台所用品と、いろいろお金がかかりそうです。
そのために、積立貯金（積立預金）を始めました。そして、いずれは「結婚したいな」…と、夢もふくらむＦさんです。

▼最近、一番年配の世話人のＧさんが、退職されました。これからは、年金と貯金でくらしていくそうです。

✎ これを読んで、どんなことを感じたか、書いてみましょう。

```
┌────────────────────────────────┐
│                                │
│                                │
│                                │
│                                │
│                                │
│                                │
│                                │
└────────────────────────────────┘
```

たしかめてみよう！

1 「お金をためて、買えた（行けた・できた）！」
を　自分で体験してみよう！

1）✎ まず、目標を決めます。

・買いたい（行きたい・やりたい）もの／こと

[　　　　　　　　　　　　　　　　　　　　　　　　　]

・値段（かかるお金）

円 … **(A)**

2）✎ ためていく金額を、決めます。

・ □ 1日　　□ 1週間　　□ 1か月

にためることのできるお金

円 … **(B)**

3）✎ お金をためる期間＝「何回（日／週間／月）
ためたらいいか」がわかります。

(A)	円 ÷	(B)	円

＝ | | □ 日　□ 週間　□ か月

☞ 実際にためたお金で、目標を実現すると、そのよ
ろこびとともに、「貯金」のやる気がわいてきます。

② 旅行や　外出のときの　おこづかい

1）旅行や外出のとき、あなたに起こりそうなことを、
　　チェックしてみましょう。

　①1日目、お金をつかいすぎてしまった！

　　👉 2日目が楽しめない！

　②自分のもの／ことに、お金を
　　つかいすぎてしまった！

　　👉 おみやげが買えない！

　③おみやげを、買いすぎてし
　　まった！

　　👉 自分が楽しめない！

2）次に旅行や外出するとき、こまらないように、交
　　通費や宿泊費以外のお金をわけてみましょう。

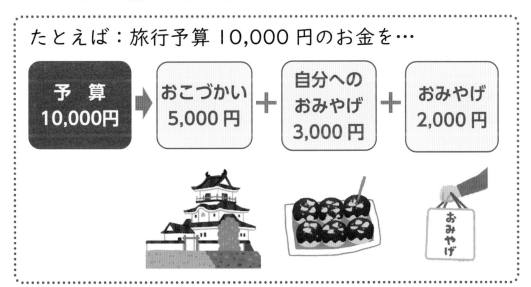

たとえば：旅行予算 10,000 円のお金を…

| 予算 10,000円 | → | おこづかい 5,000 円 | + | 自分への おみやげ 3,000 円 | + | おみやげ 2,000 円 |

やりくりじょうずは　かたづけじょうず？

お金を　散らかしてない？

　あなたは、ハダカのままのお金を、ズボンのポケットやカバンの底、住まいのあちこちに、おきっぱなしにしてはいませんか？

あなたは、自分のお金が「どこにあるか」「いくらくらいあるか」わかりますか？

　　□ わかる　　　　□ わからない
　　□ いくらあるかは自信ないけど、どこにあるかはわかる

あなたのお金は、どこにありますか？

　　□ おさいふなど（持ち歩き用のお金）
　　□ 決めているお金のおき場
　　□ 貯金箱
　　□ 口座（通帳、スマホ）
　　□ 災害時緊急持ち出しセット
　　　＊地震などで街中が停電になると、IC カードはつかえません。現金がたよりになります。
　　□ その他（　　　　　　　　　　　　　　　　　　　　）

➡これらを参考にして、「お金のいばしょ」を決めてあげましょう。

ハンコと通帳^{つうちょう}

※通帳がない場合や、ハンコのいらない預貯金口座^{よ ちょきんこう ざ}もあります。

1）銀行などで、預貯金の口座をつくるとき、ハンコをひとつ決める場合があります（「銀行印^{ぎんこういん}」といいます）。①銀行印、②通帳、③健康保険証^{けんこう ほ けんしょう}など「本人確認できるもの^{ほんにんかくにん}」の3つがそろうと、あなた以外^{い がい}の人でも、お金をおろせてしまいます。

①  ②  ③

あなたは、上の①②③を、別々のところに、おくようにしていますか？

☐ 別々にしている　　☐ おなじところにある

☐ その他（　　　　　　　　　　　　　）

➡①は、めったにつかいません。家の中の②とは別のところに、しまっておきましょう。

2）**あなたは、出勤簿^{しゅっきん ぼ}や受け取りの確認などにつかう身近なハンコ（「みとめ印」「三文判^{さんもんばん}」）と、「銀行印」を別のハンコにわけていますか？**

☐ 別のハンコ　　☐ おなじハンコ

☐ 今後わけようと思う

口座を わけるのも よいのでは

やりくりのために お金をわけることを学びましたが、銀行など金融機関のあなたの口座を、目的によってわけることでやりくりがうまくいくこともあります。

1）家賃・電気代などを きちんと 払いたい人は…

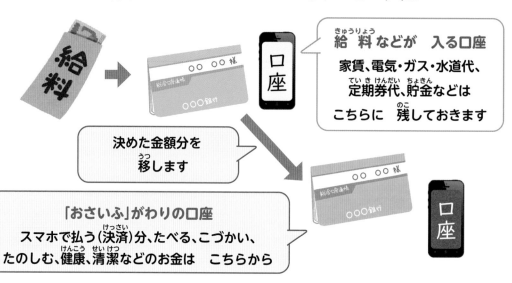

給料などが 入る口座
家賃、電気・ガス・水道代、定期券代、貯金などは こちらに 残しておきます

決めた金額分を 移します

「おさいふ」がわりの口座
スマホで払う（決済）分、たべる、こづかい、たのしむ、健康、清潔などのお金は こちらから

2）「ちょきんを したい！」という人は…

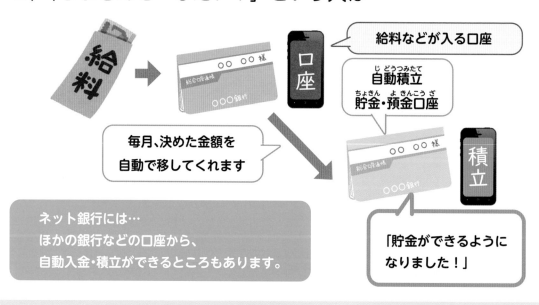

給料などが入る口座

自動積立
貯金・預金口座

毎月、決めた金額を 自動で移してくれます

「貯金ができるように なりました！」

ネット銀行には…
ほかの銀行などの口座から、自動入金・積立ができるところもあります。

ざっくり　つかむもう！
手にするお金・つかうお金・とっておくお金

考えてみよう！

●社会人になったときに、はじめてもらう給料や工賃が、いくらぐらいか、知っていますか？

●その給料に、障害年金などを加えた収入の総額が、いくらぐらいか、わかりますか？

➡「収入＝支出＋貯金（とっておくお金）」になれば、バランスのとれた「やりくり」が、できているといえるでしょう。

収入 ＝ 支出 ＋ 貯金（とっておくお金）

しらべてみよう！ー①

◆ **手にするお金**

1）会社で仕事をすると、給料をもらいます。

・給料は、月給制、日給制、時給制などがあります。

・いずれも、月1回、決まっている給料日にもらいます。

・夏と冬に「ボーナス」（賞与、期末手当）がもらえる会社もあります。

・ほとんどの会社は、給料を「現金の手わたし」ではなく、給料日にあなたの「**預貯金口座**」に振り込みます。

・給料日には、振り込んだ金額などを書いた「**給与明細**」という書類をもらいます（42ページ）。

2）高校、特別支援学校高等部、高等支援学校などを卒業して就職する場合、いくらぐらいの給料を手にすることができるか、知っていますか？

・就職してすぐの、1時間当たりの給料（時給）は、会社のある都道府県の「最低賃金」ぐらいの場合がほとんどです。

・就職すると、多くの場合、1日6～8時間、週5日、働きます。

✎ あなたの場合は、いくらぐらいの給料になるか、
計算してみましょう。

＊すでに、職場実習（しょくばじっしゅう）や就職内定（しゅうしょくないてい）の通知などで、時給

や働く時間がわかる人は、それを記入してください。

（わからない人は、下の説明（せつめい）を参考（さんこう）にしてください）

＊週5日勤務の場合、月によりますが、ここでは月

21日勤務で計算します。

円×	時間× 21 日	
各都道府県の最低賃金時給	1日の勤務時間	

＝ 円

額面（がくめん）

・いま、計算してみた給料の**額面**は、すべてもら

えるわけではありません。

・あなたが払（はら）わないといけない税金などを、会社

が給料を支払（しはら）う前に、あずかっているのです。

これを「**控除**（こうじょ）」といいます。

・**控除**の金額は、給料や住んでいる市区町村によっ

て、ことなります。

給与明細って こんな感じ

■健康保険
病気やけがをしたとき、病院や薬局に払うお金が、少ない負担ですむように、みんなで助け合うために払います。

■介護保険
40歳以上の人が払います。介護が必要になったとき、少ない負担で利用できます。

■雇用保険
仕事がなくなったとき、次の仕事がみつかるまで、助け合うために払います。

	基本給	役職手当	資格手当	住宅手当	家族手当				
支給	200,000								
	残業手当	通勤手当					課税合計	非課税合計	総支給額合計
	62,500	24,000					262,500	24,000	286,500

額面

	健康保険料	介護保険	厚生年金	厚生年金基金	雇用保険	社会保険合計	課税対象額	所得税	住民税
	8,200		14,496		1,575	24,271	238,229	3,500	7,000
控除	財形貯蓄		借上社宅						
									控除額合計
									34,771

	要勤務日数	出勤日数	欠勤日数				有休消化日数	有休残日数
勤怠	20	20	0					
	残業時間							
	10							

手取り

	累積課税合計						差引支給額
合計	238,229						251,729

■厚生年金
高齢になったときや障害の状態によって、年金がもらえるよう、助け合うために払います。

■所得税・住民税
税金です。国・役所・福祉・学校・道路・消防など、いろいろなことに使われます。

＊住民税は、前年の所得から計算します。

・42 ページの図は、**給与明細**<ruby>給<rt>きゅう</rt></ruby><ruby>与<rt>よ</rt></ruby><ruby>明細<rt>めいさい</rt></ruby>の<ruby>例<rt>れい</rt></ruby>です。上から2つ目のらんに「**控除**」とあります。主なものには、説明をつけました。

・**控除**の項目（健康保険・厚生年金・雇用保険・所得税・住民税など）は、どれもあなたのためであるとともに、この国に住む人たちの、助け合いのためのお金です。

3）障害の状態によって、「**障害年金**」がもらえる場合があります。

・障害について、20 歳になる 1 年 6 か月以上前から病院などにかかっている場合、20 歳の誕生日の翌月の分から障害年金がもらえます。

・障害年金には、「障害基礎年金」と「障害厚生年金」があります。

・働く前から障害がある人の場合は、障害基礎年金になり、1 級と 2 級があります。

たしかめてみよう！－①

◆ 手にするお金

　手にするお金が、いくらぐらいになるか、ある県に住むＨさんの例で、たしかめてみましょう。

　　　Ｈさん（20歳）… 時給900円、1日6時間、週5日勤務、障害基礎年金2級

【給料】

時給900円×6時間×21日勤務＝ | 113,400円 | ⇒額面

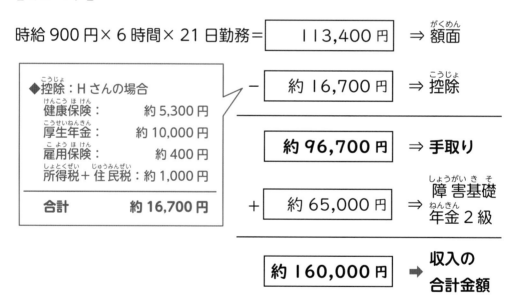

◆控除：Ｈさんの場合
健康保険：　　　約5,300円
厚生年金：　　約10,000円
雇用保険：　　　約400円
所得税＋住民税：約1,000円
―――――――――――――
合計　　　　約16,700円

－ | 約16,700円 | ⇒控除

| 約96,700円 | ⇒ 手取り

＋ | 約65,000円 | ⇒ 障害基礎年金2級

| 約160,000円 | ➡ 収入の合計金額

☞ **給料と給与**：「給料」は、基本給のことをいいます。「給与」は、手当や賞与（ボーナス）もふくめたものをいいます。

しらべてみよう！ー②

◆ つかうお金と　とっておくお金（貯金）

１）これまで学んだことを、ふりかえってみましょう。

【ヒケツ１】では、日々の生活にかかるお金について学びました。

【ヒケツ３】では、お金をじょうずにやりくりするには、「お金をわけるといい！」ということと、「いざ！」というときのために、「わけておくお金＝貯金」について学びました。

【ヒケツ４】では、就職して手にするお金は、いくらくらいになるのか、ざっくりつかむ方法を学びました。

２）実際に生活していくときに、

　①どれくらいのお金がかかるか（＝つかうか）

　②「いざ！」というときのために、どれくらいの

　　お金を、わけてとっておくことができるか（貯金）

をしらべてみましょう。

【ヒケツ3】で学んだ「お金のわけ方」にそって、金額を入れてみます。

☞ 家賃は、住む場所によってかなりちがいます。あなたが住む、あるいは住む予定のまちのだいたいの家賃を、不動産屋さんの掲示やインターネットでしらべてみましょう。

お金のわけ方

●手にするお金は 月約 160,000 円（44 ページの H さんの場合）

あなたの場合は月 ⬚ 円

※下の ⬚ 円も入れてみましょう。

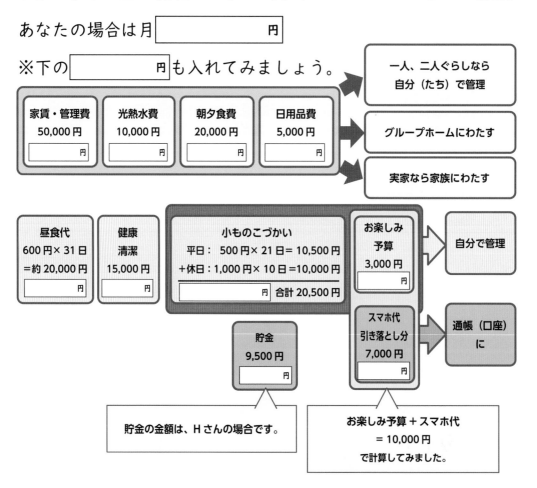

一人、二人ぐらしなら
自分（たち）で管理

グループホームにわたす

実家なら家族にわたす

家賃・管理費	光熱水費	朝夕食費	日用品費
50,000 円	10,000 円	20,000 円	5,000 円
円	円	円	円

昼食代	健康清潔	小ものこづかい	お楽しみ予算
600 円× 31 日 =約 20,000 円	15,000 円	平日： 500 円× 21 日= 10,500 円 ＋休日：1,000 円× 10 日=10,000 円	3,000 円
円	円	円　合計 20,500 円	円

自分で管理

スマホ代
引き落とし分
7,000 円
円

通帳（口座）
に

貯金
9,500 円
円

貯金の金額は、H さんの場合です。

お楽しみ予算＋スマホ代
＝ 10,000 円
で計算してみました。

たしかめてみよう！－②

◆ 手にするお金 VS
　　つかうお金＋とっておくお金（貯金<ruby>ちょきん</ruby>）

１）手にするお金

　Ｈさんのように…

・給料<ruby>きゅうりょう</ruby>（１日６時間×週５日勤務<ruby>きんむ</ruby>）＋

・障害基礎年金<ruby>しょうがいきそねんきん</ruby>２級で

＝アパートやグループホームでくらせるお金を、手にすることができる…ということがわかりました。

２）つかうお金と　とっておくお金

　Ｈさんの場合、手にするお金のうち、つかうお金のほかはぜんぶ貯金しています。

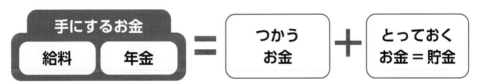

３）できるはずなのに、もし、下の絵のようになったら？　貯金ができないだけでなく、どこかで、お金を借<ruby>か</ruby>りてこなければなりません。こうならないように、計画をたてて、お金を「やりくり」していきましょう。

「見えない・さわれないお金」に あたまで　気づく

考えてみよう！

1）✍ 何かを買うとき、「お金がへったなあ」というのが、わかりやすいのはどちらですか？

□ 現金をつかって、何かを買うとき

□ 電子マネーをつかって、何かを買うとき

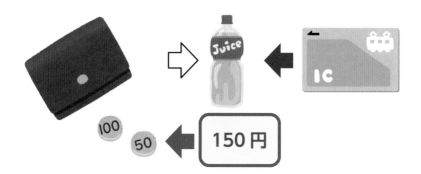

2）お金がへったのが、わかりにくいお金を「**見えないお金**」とよびましょう！（この本では➡）

「いつのまにか　こんなにつかってしまった！」ということに、なりやすいです。

電子マネー：お金の動きをカードなどに記録したものです

プリペイド：先にお金をチャージします（交通系ICカードなど）

後　払　い：後で口座から引き落とされます（クレジットカード）

しらべてみよう！

◆ あなたの生活の中にある「見えないお金」を
しらべてみましょう。

1）✏️ 何かを買うとき（＝お金をつかうとき）、お
金がへったのが、見えないものはどれですか？
「見えないなあ」と、思うものをぜんぶチェック
しましょう。

☐ 現金　　☐ 交通系 IC カード　　☐ ○○ペイ

☐ クレジットカード　　☐ ネットショッピング

2）✏️ お金がへったのが、わかりやすいチャージは
どちらですか？

☐ どこかで現金チャージ　　☐ オートチャージ

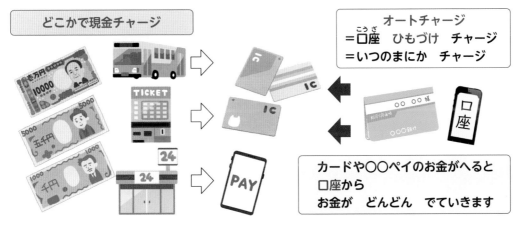

➡️ 「いつのまにか、こんなにつかってしまった！」になら
ないためには、オートチャージではなく、「どこかで現金
チャージ」がおすすめです。

3）クレジットカードのしくみをしらべてみましょう。

あなたは、110,000 円(税込)のタブレットを買っ
て、クレジットカードでお金を払いました。

➡カード会社は、タブレット販売店に 110,000 円を払い、
あなたはタブレットを受け取ることができます。

🖊 利子（手数料）がつくのは、どれですか？

□【1 回払い】翌月、あなたの預金通帳（口座）から
110,000 円が引き落とされます。

□【分割払い】支払い回数（月数）を決めます。

⚠ （110,000 円÷回数）＋手数料(利子)が、決めた回数、
引き落とされます。全部払うまでは、借金！
結局は 110,000 円以上払うことに！

□【リボ払い】毎月の支払金額を決めます。

⚠⚠買い物を、何回も、たくさんしても、決めた金額が、
引き落とされます。支払期間が長くなり、「利子」が
増えるので、注意が必要！返済中に、また「リボ払い」
で買物をすると、さらに期間がのび、利子も増えます。

👉分割払い、リボ払いは、借金をして物を買うことです。
利子がつくので、よぶんにお金がかかります。

👉すぐには手に入りませんが、お金がたまるまで「がまん」
することも、「やりくり」です。

4） ✍ 「口座のひもづけ」には、どんなものがあり

ますか？

　　□ 電子マネーや○○ペイのオートチャージ
　　□ キャリア決済
　　　　つかったお金が、スマホ代といっしょに
　　　　口座から引き落とされます。

　　□ クレジットカード
　　□ デビットカード

いずれも、

カードやスマホでお金をつかうと、

口座からお金がどんどんでていきます。

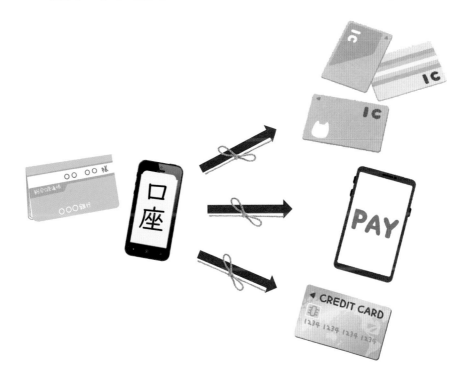

たしかめてみよう！

◆口座残高（こうざざんだか）をたしかめるようにしましょう

● 口座残高とは、口座に残（のこ）っている金額です。

● お金をどんどんつかって、口座残高が少なくなると、家賃（やちん）や光熱水費（こうねつすいひ）の引き落としができないこともおきてきます。

口座残高が少なくなると…

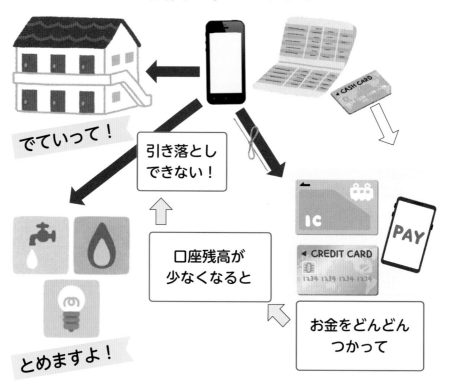

でていって！

引き落としできない！

とめますよ！

口座残高が少なくなると

お金をどんどんつかって

☞こうならないように…

　1週間に1回くらいは、口座残高をたしかめましょう！

　「残高を　いつも　気にして　お買い物！」

電卓ピコピコ
お金の「感じ」を つかんでる

考えてみよう！

1）🖊 あなたは、「たいしたものを買ってないのに、お金がへったなあ」と思った経験は、ありませんか？

    □ ある   □ ない

2）🖊 同じように、「そんなにつかってないのに、ICカードのチャージがもうあと少し！」という経験は、ありませんか？

    □ ある   □ ない   □ ICカードは使わない

3）これらは、多くの人が経験します。「お金を落としたかな？」「まちがって引き落とされたかな？」と思いこんでしまう人もいます。すると、不安になりますよね。

4）こうした思いこみや不安は、**「お金の感覚」**をみがいていくとへっていきます。この　お金の感覚をみがくのが、**3つの「お金しらべ」**です。さっそくしらべていきましょう。

しらべてみよう！ー①

◆ いくつ分かな？

1）高価(こうか)なもの（＝高いもの）を
買うときは、しらべてみよう！

● よく買うものが、いくつ買えるかな？

● 自分のすきなことが、何回できるかな？

● 自分の給料(きゅうりょう)の、何時間分、何日分かな？

2）たとえば…

・買いたいと思う高価なもの＝タブレット（税込(ぜいこみ)
110,000円）で…

・日ごろ、よく買うもの＝月1回発行の雑誌(ざっし)（税
込1,200円）だったら…

☞ 110,000円 ÷ 1,200円 ＝ 91冊(さつ)
買える！

月刊(げっかん)（月1回）なので…

91冊 ÷ 12か月 ＝ 7年半分！

・時給(じきゅう)（1時間分の給料）1,000円
で働(はたら)くとしたら…

☞ 110,000円 ÷ 1,000円 ＝ 110時間

1日6時間勤務(きんむ)だと、

110時間 ÷ 6時間 ＝ 約(やく)18日分

◆ いくつ分かな？

　自分の場合で、たしかめてみましょう。

1) 🖊 買いたいと思う、高価なものは？
　　（旅行、観戦チケットなどでも OK）

　＿＿＿＿＿＿＿＿（税込＿＿＿＿＿円）…（A）

🖊 日ごろ、よく買うものは？

　（よく食べるランチなどでも OK）

　＿＿＿＿＿＿＿＿（税込＿＿＿＿＿円）…（B）

(A)	円÷	(B)	円

＝	個（回）

買いたいと思うもの(A)は、日ごろよく買うもの(B)の
＿＿＿＿個（回）分の値段

2) 🖊 あなた職場のある都道府県の「最低賃金時給」で働くとしたら…

　（都道府県名：＿＿＿　最低賃金時給：＿＿＿円)…（C）

(A)	円÷	(B)	円

＝	個（回）

買いたいと思うもの(A)は、(C)の＿＿＿時間分
（働く時間）の値段

🖊 計算してみて、どう感じましたか？

［　　　　　　　　　　　　　　　　　　　　］

しらべてみよう！ー②

◆ １週間、１か月、１年では、いくらかな？

１）日ごろよく買うもの、ひとつひとつは
　　安いものだけど…
　　１週間、１か月、１年ではいくらになるか、
　　しらべてみましょう。

２）たとえば…

（１）１日 300 円のお菓子＋飲みもの、あるいは 300 円の
　　　ゲームアイテム１日１個では？

　　・１週間で…300 円 ×　　7 日　＝　　2,100 円

　　・１か月で…300 円 ×　30 日　＝　　9,000 円（約 1 万円）

　　・１年で　…300 円 × 365 日 ＝ 109,500 円（約 11 万円）

👉少しのがまんで、いろいろなものが買えるかも

しれませんね。

（2）ゲームのアイテムを、毎日 20 個買うと…

　　・１日で　…300 円 × 20 個 ×　１日 ＝　6,000 円

　　・１週間で…300 円 × 20 個 ×　7 日 ＝ 42,000 円

　　・１か月で…300 円 × 20 個 × 30 日 ＝ 180,000 円（18 万円）

「ちりも　つもれば　山となる」

　　例：ひとつひとつは、100 円の安いお菓子だけど…たくさ
　　　ん買うと、大きな金額に！　たまにがまんすれば、
　　　つかわなかった 100 円がたまって、高いものが買
　　　えるかも！

たしかめてみよう！－②

 １週間、１か月、１年ではいくらかな？
自分の場合で、たしかめてみましょう。

日ごろ、よく買うもの：＿＿＿＿＿＿＿＿＿＿＿＿＿

その値段：（税込＿＿＿＿＿＿円）…（A）

・１週間で…（A）＿＿＿＿＿円 × 　7日 ＝＿＿＿＿＿円

・１か月で…（A）＿＿＿＿＿円 × 　30日 ＝＿＿＿＿＿円

・１年で …（A）＿＿＿＿＿円 × 365日 ＝＿＿＿＿＿円

 １週間、１か月、１年ではいくらになるかを計算してみて、どう感じましたか？

57

しらべてみよう！ー③

◆なにに、いくら、つかったかな？

しらべると、なにがわかるでしょう？

1）「ちりも　つもれば　山となる」ことが、わかり
ます！

例： 1ふくろ100円～200円くらいのお菓子
だけど、月に4,000円も買ってた！

＊57ページの、たしかめてみよう！ー②「1週間、1か月、
1年ではいくらかな？」で、たしかめた自分の場合を、ふり
かえってみましょう。

2）「あと、どれくらいつかえるか？」などが、わか
ります。

例： 月の前半に節約したから、おこづかいがけっ
こう残ってる。ボウリングに行ける！

たしかめてみよう！ー③

◆ なにに、いくら、つかったかな？

1) ✏️ 「なにに、いくら、つかったかな？」を、し
らべるために…

　・あなたがすでに、やっていることは、黒く（■）
　ぬりましょう。

　・これからやろうと思っていることは、チェック
　☑を入れましょう。

　□ レシートをもらうようにする。

　□ レシートの出ないものは、メモを残すようにする。

　□ 電子マネーの履歴を、駅などでもらう。

　□ 電子マネーの履歴を、スマホのアプリでチェックする。

　□ こづかい帳をつける（書く）。

　□ スマホのアプリで、お金の管理をする。

　□ その他（　　　　　　　　　　　　　　　　　）

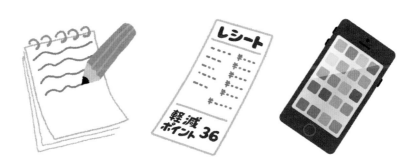

２）レシートの出ないものをメモしたメモ帳に、レシートと電子マネーの履歴票(りれきひょう)をはさめば…「こづかい帳がわり」になります。

３）こづかい帳をつける（書いていく）と、どんなことがわかるでしょう？
　・「なにに、いくら、つかったか？」が、わかります。
　・「あといくら、残っているか？」が、わかります。
　☞さいふの中のお金と、こづかい帳がぴったり合うとうれしいですね！

４）できれば、こづかい帳に、チャレンジしてみましょう。
　☞ただし！　ムリはしないで、つけて（書いて）いきましょう！
　・「なにに、いくら、つかったか」を、つけて（書いて）いきます。
　・書きわすれ、計算まちがいも、たまにはいいです。日付(ひづけ)の順番(じゅんばん)も、気にせずに。
　・残高(ざんだか)（残っているお金）の計算は、毎日・毎月しなくてもいいです。

5）ガマンの０円

「買おうと思ったけど、ガマンできた！支出０円！」…その記録(きろく)をつけてみましょう。

👉「がまんできる自分」を、ほめてあげましょう！

こづかい帳　こんな感じで　チャレンジ！

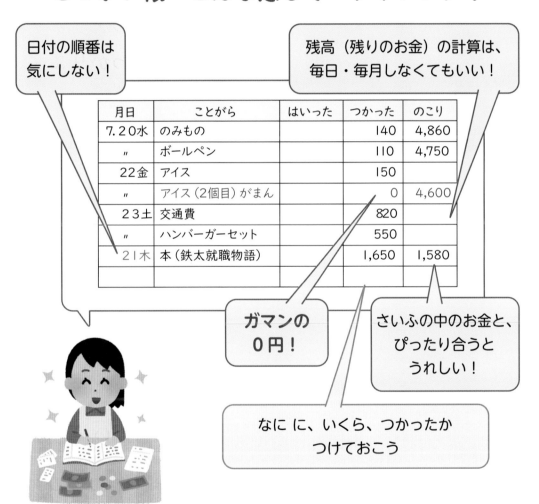

日付の順番は気にしない！

残高（残りのお金）の計算は、毎日・毎月しなくてもいい！

月日	ことがら	はいった	つかった	のこり
7.20水	のみもの		140	4,860
〃	ボールペン		110	4,750
22金	アイス		150	
〃	アイス（2個目）がまん		0	4,600
23土	交通費		820	
〃	ハンバーガーセット		550	
21木	本（鉄太就職物語）		1,650	1,580

ガマンの０円！

さいふの中のお金と、ぴったり合うとうれしい！

なに に、いくら、つかったかつけておこう

2

だいじな お金を
じょうずに まもる

トラブル防止の
4つのヒケツ！

ヒケツ 8 貸し借りのない　いいつきあいで トラブル防止！

考えてみよう！

◆お金の貸し借り

Ｉ）こんなことがありました。ＥさんとＭさんは、同じ学校の卒業生同士です。

いっしょに遊びに行った帰りの別れ際、Ｍさんは、Ｅさんに「いいじゃん！頼むよ！」と言われて、お金を 5,000 円貸しました。

この日の帰りに、会社に着ていく冬のコートを買おうと思っていたＭさん。お金を貸してしまったため、買えませんでした。

「も～、会社にいくのが、寒いよ～」

✎ どうするのが、よかったでしょう？

☐ 友だちに頼まれたのだから、しかたがない。

☐ はっきりことわって、貸さない。

2）こんなことがありました。I さんと J さんは、お つきあいをしているカップルです。

デートのときに、お金を出すのは、いつも I さん です。

・今月はお金がたりなくて、電気代が払^{はら}えない！

・消費者金融^{しょう ひ しゃきんゆう}で、10,000 円を 借^かりましたが、なかなか返せ ません。

 消費者金融に返すのは、10,000 円ですか？

　□ はい

　□ いいえ

借りたお金	
返すお金 ＝ 借りたお金 ＋ 利子^{りし}	

 デートのときは、どうするのがいいでしょう？

[　　　　　　　　　　　　　　　　　　　　　　　　　　　]

しらべてみよう！

1） ✏️ 「お金を貸(か)して！」「お金を出して！」
と言われたら、あなたはどうしますか？

[

]

👉「お金は貸せません！ 出せません！」
…その気持ちを、つたえましょう！

2） ✏️ たりなければ借(か)りる（たかる）
…それは「やりくり」ですか？

　　□ はい　　　　□ いいえ

👉借りない（たからない）「やりくり」をしていき
ましょう！

たしかめてみよう！

Eさん（イーちゃん）役と、Mさん（モーちゃん）役になって、ことわる練習をやってみよう！

（＊イーちゃん役は、先生や支援者（しえんしゃ）に、頼（たの）んでもかまいません）

イーちゃん：「モーちゃん悪いんだけどさ、お金貸（か）してくれないか

なあ？ 5,000円でいいよ。イーだろう！ たのむよ！

給料日（きゅうりょうび）には返すからさあ」

モーちゃん：「　　　　　　　　　　　　　　　　　　　　　　」

（＊モーちゃんのセリフは、あなたが考えてみましょう。

「だまって動作（どうさ）」でもかまいません）

1）　モーちゃん役になった「あなた」は、5,000円をまもることができましたか？

　　　□ はい　　　　□ いいえ

2）　あなたは、イーちゃんの行動をどう思いますか？

［
　　　　　　　　　　　　　　　　　　　　　　　　　　　　　　　　　　　　
］

3）　ほかの人の「ことわる練習」を見て、いいことわり方があったら、書きましょう。

［
　　　　　　　　　　　　　　　　　　　　　　　　　　　　　　　　　　　　
］

個人情報 しっかり まもって トラブル防止!

考えてみよう!

● 個人情報は、どんなものがあるでしょう?

● 個人情報は、どんなところにのっていますか?

● 個人情報がもれると、どんなことがおこるでしょう?

● あなたは、個人情報をまもるために、どんなことをしていますか?

● ネットへの投稿や書きこみで、気をつけることは、どんなことでしょう?

しらべてみよう！

1) ✏️ 「本人確認になるもの」をチェックしてみましょう。

□ 保険証　　　□ ポイントカード　　□ 障害者手帳
□ 定期券　　　□ キャッシュカード　□ 運転免許証
□ パスポート　□ マイナンバーカード

👉「本人確認になるもの」でなくても、これらは悪用されることがあるので、なくしたらすぐに、警察や発行元に届け出るようにしましょう。

2) ✏️ 「本人確認になるもの」に、書いてある（のっている）ことをチェックしてみましょう。

□ 名前　　　□ 住所　　□ 電話番号　　□ 生年月日
□ 身長　　　□ 体重　　□ 趣味　　　　□ 顔写真

👉あなたの名前、住所、生年月日、電話番号、メールアドレスなどが、いっしょに知られると、「本人確認」ができてしまいます。
ほかのだれかが、「あなたのふり」をすることができるので、たいへん危険です。

👉あなたと、あなたのまわりの人の、個人情報をまもるようにしましょう。

3） ✏️ だれかに知られると、危険な「数字」はどれ
でしょう？

☐ 身長　　☐ 暗証番号　　☐ マイナンバー
　　　　　　　あんしょうばんごう
☐ 体重　　☐ 髪の毛の本数
　　　　　　　かみ

✏️ チェックをつけた「数字」がだれかに知られ
ると、どんな危険があるでしょう？

👉「本人確認になるもの」は、人に貸したり、落
　　　　　　　　　　　　　　　　か
としたりすると、とても危険です。人には絶対
　　　　　　　　　　　　　　　　　　ぜったい
に貸しません。なくしたときは、すぐに警察や
発行元に、届け出るようにしましょう。

4） ✏️ そのほかにも、人に貸したり、落としたりす
ると、とても危険なものがあります。それはど
れでしょう？

☐ えんぴつ　　☐ 銀行印（口座をつくるときの印鑑）
　　　　　　　　　ぎんこういん　こう ざ　　　　　　　　いんかん
☐ タオル　　☐ スマホ　　☐ マイナンバーカード
☐ 実印（役所に届けてあり、契約のときなどに使う印鑑）
　　じついん　　　　　　　　　けいやく

5）ネット上に、個人情報を書いたり、写真をのせ
たりするのは、注意が必要です。

下の写真をネットにアップしたとき、危険は
どこにあるか、しらべてみましょう！

かお

制服・校章

バス停・けしき

⚠️ストーカー被害の　おそれも！

たしかめてみよう！

👥 ✍️ まちで話しかける業者役<ruby>業者役<rt>ぎょうしゃやく</rt></ruby>と、通行人役<ruby>通行人役<rt>つうこうにんやく</rt></ruby>になっ
て、個人情報<ruby>個人情報<rt>こじんじょうほう</rt></ruby>をまもる練習をしてみましょう！

＊業者役は先生や支援者<ruby>支援者<rt>しえんしゃ</rt></ruby>に、頼<ruby>頼<rt>たの</rt></ruby>んでもかまいません

テイク1 👥

● 業　者：そこの方、ちょっとよろしいですか？

○ 通行人：はい。なんでしょう？

● 業　者：健康<ruby>健康<rt>けんこう</rt></ruby>で過<ruby>過<rt>す</rt></ruby>ごしたいですよね。

○ 通行人：はい。

● 業　者：ですよね。

　　　　　そこで、健康についてのアンケートです。

　　　　　お答えいただくと、この健康ドリンク差<ruby>差<rt>さ</rt></ruby>し上<ruby>上<rt>あ</rt></ruby>げ
　　　　　ています。

　　　　　ここに、お名前を書いていただいて、よろしい
　　　　　ですか？

○ 通行人：（　　　　　　　　　　　）☞あなたが通行人なら？

テイク2 👥

● 業　者：そこの方、ちょっとよろしいですか？

○ 通行人：（　　　　　　　　　　　）☞あなたが通行人なら？

➡ 「すぐに、ことわっていいこと」「無視<ruby>無視<rt>むし</rt></ruby>していいこと」
　を、知っておきましょう！

♬うたでおぼえる　だいじなヒケツ♬

◆ 個人情報（こじんじょうほう）　しっかり　まもろう！！

「まちの中、ネットの中はご用心」

（「ももたろう」の曲で　　詞：江國泰介）

1. おにいさん　おねえさん

　　いいもの　もらえる　アンケート

　　おなまえ　かいて　くださいな

2. かきません　しゃべりません

　　なまえ　住所　生年月日

　　しらない人には　おしえません

3. かきません　おしえません

　　暗証番号（あんしょうばんごう）　マイナンバー

　　ぜったい　こえにも

　　だしません

詐欺商法＝悪質商法　あの手　この手

■マルチ商法のさそい

だまされてしまった友だちが、同窓会などのときに、さそってくることがあります。

「このサプリメント、すごく健康にいいし、だれかをさそって、その人が契約したら、もうかるよ」「さそう相手は、教えてあげるから大丈夫だよ」と、言われて契約。

おさそい用のサプリがたくさん届き、そのお金を払ったものの…さそう相手は教えてもらえないし、自分ではさそえないし、サプリの効きめは感じないし…。

➡友だちや、知人からのさそいでも、いらない契約は、きっぱりことわりましょう！

このほか、ネットには「かんたんに、お金がかせげる」「お金を払えば、そのやり方を教える」というサイトが、いっぱいあります。気をつけましょう！

➡「すすめられると　ことわれない」…これでは　詐欺の　いいえじき！

■「借金して投資」をすすめる異性

SNSで知り合った異性に、「投資で、お金を増やして、そのうちいっしょにあそぼ！」と言われ、すすめられるままに、借金して投資。結局、増えるはずのお金はへり、借金の利子は増え、異性とは連絡がつかなくなり…と、もうさんざん。

「こうならないぞ！　この本で　学ぶ　わたしたち！」

結婚詐欺、キャッチセールス、デート商法…

「つきあいたい！　気持ちにつけこむ　詐欺師たち」

えじきにされてしまった、つけこまれてしまった人もいます。お金を失うだけでなく、心もつらくなります。

あやしい！と見ぬく力、ことわる力を身につけましょう！

ヒケツ 10 クリック！の前に よく見て 考え トラブル防止！

　これまでも、スマホやパソコンなどをとおした、「ネット」のじょうずな使い方について、学んできました。

　【ヒケツ 6】では、「ゲームアイテムをたくさん買ってしまう」など、いつのまにかお金をつかってしまう、「見えないお金」の危険性について、学びました。

　【ヒケツ 9】では、ネットの中に、個人情報をアップしてしまう危険性について、学びました。

　そのほかにも、ネットを使うとき、気をつけてほしいことが、いくつかあります。

考えてみよう！

① ネットの中には　詐欺師（さぎし）がいっぱい

◆ 入会金　50,000円　いただきました！

　インターネットを見ていて、「この先も見たいな」と思ってクリックすると…

　いきなり画面に「**登録完了（とうろくかんりょう）！入会金50,000円！**」という表示（ひょうじ）。

　びっくりしますよね！「何とかしなくては…。ことわらないと…」とあせってメールを送ってしまう。

　それが、「悪の手」のねらいなのです！

　そうして、相手は、あなたの個人情報を手に入れるのです。

しらべてみよう！

◆あやしい「警告」に　警告！

1）スマホやパソコンを使っていると…

「はらっていない料金があります。まずはメールをしてください」「メモリがいっぱいです。ここをクリック！」などの「警告！」が出てくることがあります。

☞これらは、あなたのメールアドレスやパスワードなどの個人情報や、お金を取ろうとする「悪の手」です。あやしい「警告！」に警告です！

☞なんとかしなくては！とあせって電話をし、言われるがままに、サーバ型プリペイドカードをコンビニで買って、その認識番号を教えてしまった…これは架空請求詐欺です。

2）　「警告！」や「登録完了！」が出てきたとき、絶対してはいけないことにバツ⊠をつけましょう。

☐ 画面の指示にしたがって、アドレスやパスワードを入力する

☐ 画面を見て、メールや電話をする

☐ 無視する

◆「警告！」や「登録完了！」は**無視**が一番。でも、心配ですよね。

☞心配な場合は、身近な人や消費(しょうひ)生活センターなどに、相談しましょう。

♬うたでおぼえる　だいじなヒケツ♬

◆スマホ・パソコン…架空請求(かくうせいきゅう)に気をつけよう！！

「それは　架空請求 だ！」

（「ももたろう」の曲で　　詞：江國泰介）

1. おにいさん　おねえさん
　　がめんに　とつぜん「金はらえ」
　　メールか　でんわ　すぐにしろ！

2. はらいません　はらいません
　　それは　架空請求だ！
　　メールも　でんわも
　　いたしません

考えてみよう！

① ネットの中の人間関係

◆ スマホは人間関係の道具になっていますが…

1) 🖎 LINE、インスタグラムなどのSNSをとおした、ネット上の「知り合い」がいて「よかったこと」「いやな思いをしたこと」などを、話し合ってみましょう。

[

]

2) 🖎 ネットをとおした人間関係で、「いいね」がつかない、「既読」にならない、仲間はずれ、いやなことを言われるなど、そういう経験はありますか？

　　　□ ある　　　□ ない

3) 🖎 「いいね」の数や、まわりの人からの評判を気にしていたら、ストレスになってしまいますね。どうしたらいいか、話し合ってみましょう。

[

]

☞そんなとき、次のように考えてみるのは、いかがでしょう？
「だいじょうぶ！ 神さま仏さまは、わたしが、がんばって生きていることを、ちゃんと見てくれていて、目には見えないけど、『いいね！』をくれている！」

しらべてみよう！

1）2つのニュースから

1 「逮捕されたA容疑者は、SNSをとおして知り合ったB
さんに写真を送らせ、それをネット上に拡散したほか、
Bさんをおどして10万円を8回にわたり振り込ませて
いた。」

2 「殺人容疑で逮捕されたC容疑者と、被害者のDさんは、
SNSをとおして知り合い、事件のあった日の午後、は
じめて会ったばかりだった。」

✎ こういう事件を、聞いたことがありませんか？

　　　□ 両方ともある　　　□ 1だけある
　　　□ 2だけある　　　　□ ない

2）ネットのSNSをとおして、知り合った人との人間関
係、「おつきあい」について、みなさんも体験談や、
聞いた話を出し合って、どうするのがよいか、しらべ
てみましょう。

たしかめてみよう！

◆まだ会ったことのない、ＳＮＳをとおして知り合った人に…

✎ あなたは、「リアルで会いましょう！」と、さそいますか？

    □ はい　　□ いいえ　　□ まだわからない

✎ あなたは、「リアルで会いましょう！」とさそわれたら、どうしますか？

    □ 会う　　　　□ すごく迷（まよ）う
    □ 友だちといっしょなら会う
    □ ぜったい会わない

✎ 家やホテル、車など、ほかの人がいないところにさそわれたら、どうしますか？

    □ ついて行く　　　　□ すごく迷う
    □ ぜったいついて行かない

☞リアルで会うことは、80ページのニュース
　1 **2**のような危険（きけん）がいっぱいです！

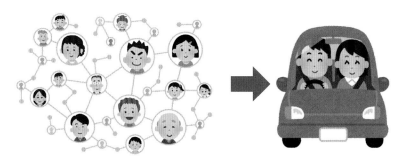

まちの中　あやしいさそいは 「NO！」で　トラブル防止

考えてみよう！

●まちの中で、知らない人から、「道を教えてください」「ちょっと、お話させてください」などと、話しかけられることがあります。

●駅前などで、絵はがき、お菓子、小さなふくろや箱などを配っていて、受け取ると、一方的に話しはじめる人を見かけることがあります。

もし、話しかけられたら、あなたなら、どうしますか？

しらべてみよう！

❶ 立ち止まって、話を聞きはじめたら、どうなった？

◆ 体験レポート3本一挙公開！

---

1 アンケートということで、いろいろ答えていったら、名前、住所、電話番号などを聞かれた。

2 女性から絵はがきを受け取ったら、すぐ近くの絵の展示場にさそわれた。ついて行ったら「いま買っておいたら、あとで高く売れてもうかる」と言われ、高額な絵を買うようにせまられた。

3 話をしているうちに、悩みが解決すると言われ、かなり強引に車に乗るようにさそわれて、修行道場のようなところに連れて行かれた。

➡こうしたことを、悪意のある人たちと知り合った、あなたの「友だち」が、すすめてくることもあるので、注意が必要です。

❷ みんなで、体験レポートや聞いた話を出し合って、どうするのがよいか、しらべてみましょう

1) 🖎 まちで話しかけられたら？

　□ 無視（むし）して足を止めない　　□ 話を聞く

2) 🖎 何かを配っていたら？（いいと思うものはすべてチェック）

　□ 選挙（せんきょ）のチラシは受け取って、投票（とうひょう）の参考（さんこう）にする

　□ ティッシュは受け取る

　□ 全部受け取る

　□ 全部受け取らない

3) 🖎 もし、話しかけられて、名前などを教えてほしいとお願（ねが）いされたら？

　□ 言われたとおり、名前、住所、電話番号、メールアドレスなどを教える

　□ 賛成（さんせい）できる署名活動（しょめいかつどう）に署名するときだけ、名前、住所を書く（電話番号、メールアドレスは書かない、教えない）

　□ ぜったいに、名前、住所、電話番号、メールアドレスは、書かない

4) 🖎 「（会場やお店など）別（べつ）の場所に行きましょう」などと言われたら？

　□ 行ってみる　　□ ぜったいに、ついて行かない

たしかめてみよう！

1）あなたをだまして、お金をとろうとする人たちは、みんな親切で、ていねいな態度で、やさしくあなたに近寄ってきます。

「今は、お金がない」と答えると、「今が一番のチャンスだから…」と言って、親切に消費者金融までいっしょに行ってくれて、お金を借りて…。

➡ これは親切ではありません。「**詐欺**」です！

2）「この人の期待にこたえると、つきあえるのではないか」と、期待をもたせて利用するのが「**デート商法**」です。相手がやさしくつきそってくれって、じょうずにお店などに連れて行かれ、高額なアクセサリーなどの購入を、契約させられたりします。

3）【ヒケツ8】で学んだ「ことわり方の練習」（67ページ）と、【ヒケツ9】73ページのうた「まちの中、ネットの中はご用心」は、この【ヒケツ11】でも役に立ちます。もういちど復習しておきましょう。

♬うたでおぼえる　だいじなヒケツ♬

◆「デート商法（しょうほう）」に気をつけよう！！

「おねだりする人　さようなら」

（「ももたろう」の曲で　　詞：江國泰介）

1. おにいさん　おにいさん
   あなたは　すてきな　イケメンね
   宝石（ほうせき）　かって　くださいな

2. おねえさん　おねえさん
   すてきな　あなたが　だいすきだ
   お金をかして　くれないか

3. 買いません　かせません
   おねだり　する人　きらいです
   おねだり　する人　さようなら

3

お金との
いいつきあいを！

社会人としての
自覚と誇りをもって

「なんかへんだな　気になるなあ」 社会人こそ相談を！

1 生活の中で、つぎのようなときは、ひとり では不安になるかもしれませんね

１） 大きな金額の買いものや、はじめてのもの／こ とに、お金をつかうとき

２） アパートを借りるなど、契約をするとき

３） だれかに、つよくすすめられて、困っているとき

４）「だまされたかも？」「あやしいかな？」と思っ たとき　　など

2 ひとりでは不安…そんなときは、だれかに 相談するのが社会人です！

＊会社の社長さんも、いつもひとりで会社の経営 はしていません。「コンサルタント」という相談 にのってくれる人に相談しながら、会社の経営 をしています。

＊あなたにとってのコンサルタントは、どんな人 がいますか？

いまあなたが、相談できそうな人や場所はありますか？

（名前がわからない、決まらない人は☑だけつけましょう）

☐ 親

☐ 学校の＿＿＿＿＿＿＿＿先生

☐ 放課後デイの＿＿＿＿＿＿＿＿先生／さん

☐ いま通っている＿＿＿＿＿＿の＿＿＿＿さん

☐ 相談支援員の＿＿＿＿＿＿＿＿さん

☐ 就業・生活支援センター／
　　就労支援センターの＿＿＿＿＿＿＿＿さん

☐ グループホームの＿＿＿＿＿＿＿＿さん

☐ 役所・役場の＿＿＿＿＿＿＿＿さん

☐ 就労移行支援の＿＿＿＿＿＿＿＿さん

☐ 就労定着支援の＿＿＿＿＿＿＿＿さん

☐ 自立生活援助の＿＿＿＿＿＿＿＿さん

☐ その他
　　（　　　　　　　　　　　　　　　　　　）

この中で、どんなことでも気軽に、まずはいちばんに、相談できる人はどなたですか？

わたしは、まずは ＿＿＿＿＿＿＿＿＿＿ の

＿＿＿＿＿＿＿＿＿＿ さん／先生に相談します！

わたしの　ちかい！
お金のやりくり＋お金のトラブル防止！

　この本も、いよいよおわりが近づいてきました。

　この本を読み、書き込んでくれて、ほんとうにありがとうございます。

　いま、あなたは、お金のやりくりやトラブル防止について、どういう気持ちをもっているでしょうか？「これから社会人として、お金といいおつきあいをしていきたい」という気持ちになっている人は、つぎのページの「宣誓」をぜひ読んでみてください。

　そして、読んでみて「自分も、こうやっていこう」と思ったら、「宣誓」＝「ちかい」の記念として、日付を書いてサインをしましょう。

お金のやりくり　わたしのちかい！

1．わたしは　くらして　いくためには　いろいろ
　　な　お金が　かかることを　知っています。

2．わたしは　くらして　いくために　どうしても
　　必要<ruby>必要<rt>ひつよう</rt></ruby>なものと　ほしいけれど　お金が　なけれ
　　ば　がまんしなければ　ならない　ものの　ち
　　がいを　知っています。

3．わたしは　「ほしい！」と　思って　つい買って
　　しまう　「衝動買い<rt>しょうどうがい</rt>」に　注意することが　で
　　きます。がまんすることが　できます。

4．わたしは　自分が　お金を　出さなければなら
　　ないときには　自分で　出すように　します。

5．わたしは　急に　お金が　必要に　なったときや
　　楽しみにしていることのために　貯金<rt>ちょきん</rt>を　しま
　　す。

　　　　　　　　　　　　　　　　　　　年　　　月　　　日
　　氏名<rt>しめい</rt>＿＿＿＿＿＿＿＿＿＿＿＿（サイン）

お金のトラブル防止！　わたしのちかい！

1. わたしは　お金の　「貸し借り」は　しないように　します。

2. わたしは　まちの中や　ネットの中に　きけんな「わな」が　あることを　知っています。

3. わたしは　ちゃんとした　お仕事ではないのに「もうかる」「お金をくれる」という　あやしいさそいから　自分を　まもります。

4. わたしは　自分や　友だちの　個人情報をしっかりと　まもります。

5. わたしは　いろいろ　助けてもらったり　相談したりしながら　自分の人生と　生活を　楽しんで　いきます。

　　　　　　　　　　　　　　　　　年　　月　　日

氏名＿＿＿＿＿＿＿＿＿＿＿＿（サイン）

「はたらく」って　きっとたのしい！

　みなさんの中には、すでに働いている人や、学校を卒業したら働く予定の人がいると思います。

働くことをとおして…

◆働くことをとおして…世の中の役に立つことができます！

　会社に届いた郵便物や小包を仕分けしてもってくる人がいるおかげで、それぞれの部署の人が、受け取ることができます。

　きれいなカップにおいしいコーヒーをいれてくれる人がいるおかげで、ゆっくりコーヒーを味わうことができます。

　やっている仕事をとおしてだけではなく、働いて、稼いだ給料から、天引きされる健康保険、厚生年金、雇用保険、税金なども、世のため人のためになりますね。

◆働くことをとおして…給料をもらいます！

　この本で、学んできたことをいかして、給料を生活、健康、楽しいひとときのために上手（じょうず）につかっていきましょう。

◆働くことをとおして…生活にリズムがつきます！

　朝起きて、仕事に行き、一日、からだや頭をつかって仕事をする。そして、休みの日にはリフレッシュ。そういう働く日々の生活をとおして、健康的（けんこうてき）なからだのリズムができてきます。

◆働くことをとおして…自信（じしん）がもてます！

　世の中の役に立ち、給料を手にし、リズムのある健康的な生活をおくっているわたしって、すばらしい！　拍手（はくしゅ）をおくりましょう。

「働く」＝「はたらく」ということば…

　「はためいわく」ということばをしっていますか？「はた」は、「まわり」。「電車の中で、大騒ぎ（おおさわ）」されると「まわりが　めいわく！」。それが「はためいわく」です。

　それに対して、「はたらく」は、「まわり」を「楽（らく）」にする…という意味があるのでしょうか？　「楽（らく）」は「楽（たの）しい」とも読みます。「まわり」を楽に、楽しくするという気持ちで、はたらいていきましょう。

あとがき

◆この本を、読み、つかってくださったみなさんへ

この本を、読み、つかって、

お金について考えて、しらべて、たしかめてくださった

みなさん！　ありがとうございました。

みなさん　おひとり　おひとりが　元気に　しごとを　して

休みの日には　楽しく　すごし

お金を　かしたり　かりたり　しない

あやしいことに　さそったり　しない

信じあえる　同僚、先輩・後輩、友だちを　たいせつにして

給料・工賃・年金・手当などを　じょうずに　つかって

楽しく　くらして　いかれますように…

💜こころから　おいのり　しています！

ありがとう　ございました！

江國 泰介

◆ご家族、先生方、支援者の方々へ

■この本が生まれるまで…感謝をこめて…

　この本は、筆者がプロフィール欄に記した支援の場での金銭管理、金銭トラブルの防止やトラブル事案解決等の支援の経験をベースに、金銭管理と金銭トラブルの防止のスキル向上のために、勤務する支援機関や、お声がけをいただいて学校や就労支援機関等で行った「お金の授業・講座・研修」の内容をもとにつくりました。そうした中で出会いのあった多くの当事者のみなさまのご発言、表情、ノリ、ご質問、アンケート結果や、先生方や支援者・ご家族等のみなさまからのご質問、アンケート結果、その後のご報告などが、この本づくりに生かされています。心から感謝申し上げます。

　併せて、学校や就労支援機関等での「お金の授業・講座・研修」をバックアップいただいている一般財団法人ゆうちょ財団さまに心からの感謝を申し上げます。

　そして、これまでいっしょにつくってきた本（ご案内は次々ページ）でもコーディネートをしていただいた青山均さん、ジアース教育新社の市川千秋さんの細やかなお力添えがなければ、この本は生まれなかったことでしょう。心から感謝を申し上げます。

■「主権者」という視点

　この本では、大きく取りあげてはいませんが、成年年齢引き下げの動きもにらみつつ、「主権者としての読者」という視点を大切にしています。

　具体的な例としては、街頭等での、詐欺的な勧誘の被害に遭わない、個人情報をまもる…ということにふれた個所（84ページ）において

　　　□ 選挙のチラシなどは受け取って、投票の参考にする

　　　□ 賛成できる署名活動に署名する以外は、名前、住所などは書かない

…といった選択肢を示しています。

　筆者としては、いずれも、「やめたほうがよい」ということを推奨するのではなく、「主権者として判断し、必要と感じたらこうした行動をとるとよい」というメッセージを送りたいという趣旨で掲載した項目です。

　先生方、支援者・ご家族のみなさまにおかれましては、学校・支援機関・ご家庭での主権者教育等の学びの機会と関連付けていただき、「主権者としてどういった行動をとっていくか」といった話し合い、意見交換の際に活かしていただけますと幸いです。

　読者のみなさんが、主権者としての選挙、署名等を通した民主主義の行使、政治参加を日常生活の中での当たり前なこととして感じることのできる主権者となることを願ってやみません。

関連書籍のご案内

これまでいっしょにつくった本

基本的なマナーがわかる!

知的障害・発達障害の人たちのための
新・見てわかるビジネスマナー集

「新・見てわかるビジネスマナー集」企画編集委員会［編著］

　社会人として知っておきたい基本的なマナーを、この一冊にまとめました。

　旧版『見てわかるビジネスマナー集』に「情報管理」「スマホ」「セクハラ」「パワハラ」などの項目を新たに追加し、内容をより充実させた新訂版。

　障害のある方、就労支援に携わる方、企業の障害者雇用担当者の必携書!

A4変形判／114頁　ISBN978-4-86371-517-2
定価　1,980円（本体1,800円＋税10%）

マンガでわかる!できる!

知的障害・発達障害の人たちのための
マンガ版 ビジネスマナー集
鉄太就職物語

中尾 佑次［作・画］
青山 均・志賀 利一・勝田 俊一・江國 泰介・渡邉 一郎［企画・執筆］

　特別支援学校高等部を卒業した鈴木鉄太が初出勤からあこがれの「先輩」になるまでのストーリー。

　みだしなみや言葉づかい、人との適切な距離感や休憩時間の過ごし方、そして異性との関係──社会人としてのルールやマナーに慣れるまでは失敗の連続ですが、上司や家族など周囲の支援を受けながら成長していく様子をコミカルに描いています。

A5判／172頁　ISBN978-4-86371-319-2
定価　1,650円（本体1,500円＋税10%）

ご注文は…

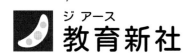

ジ アース
教育新社

〒101-0054　東京都千代田区神田錦町1-23 宗保第2ビル
電　話　03-5282-7183／ＦＡＸ　03-5282-7892
E-mail　info@kyoikushinsha.co.jp
ＵＲＬ　https://www.kyoikushinsha.co.jp/

マンガ・
支援シート
付き

知的障害・発達障害の人たちのための
見てわかる意思決定と意思決定支援
「自分で決める」を学ぶ本

志賀 利一・渡邉 一郎・青山 均・江國 泰介・勝田 俊一 ［執筆］
中尾 佑次 ［漫画］

　親元を離れてグループホームに入居したり、転職を決意
したり、人生には重大な「意思決定」をする場面があります。
　そのようなとき、知的障害や発達障害の人たちが可能な
限り自分で決められるよう、意思決定の大切さとその手順
を具体的に学ぶ本です。
　事例はマンガで紹介しているのでわかりやすく、「意思決
定会議」で役立つ「支援シート」もついています。

Ａ４変形判／ 120 頁　ISBN978-4-86371-368-0
定価　1,980 円（本体 1,800 円＋税 10%）

ひとり
暮らしの
便利帳

知的障害・発達障害の人たちのための
見てわかる社会生活ガイド集

「見てわかる社会生活ガイド集」編集企画プロジェクト ［編著］
公益財団法人 明治安田こころの健康財団 ［協力］

　社会人として安定して働き続けるためには、生活・健康
の管理やお金の管理、余暇活動の充実のほか、人間関係や
消費トラブルなど社会的リスクへの対応も重要です。
　本書では、14の事例をとおして、それらを具体的に学ぶ
ことができます。
　社会生活を送るうえで「何が大切か」「どうすれば良いの
か」について、自分で考えてみるきっかけとなるでしょう。

Ａ４変形判／ 144 頁　ISBN978-4-86371-205-8
定価　2,200 円（本体 2,000 円＋税 10%）

＜著者プロフィール＞

江國 泰介

■これまで…入所施設の児童指導員や生活支援員、グループホームの世話人などの仕事をしたのち、就労支援センター（「就業・生活支援センター」のようなところ）の生活支援コーディネーター、相談支援事業所の相談支援専門員などの仕事をしてきました。

■いまは…仕事、暮らし、お金などについて学んでいただくための就労支援の場や学校などでの勉強会や授業の講師、ご家族・先生方・支援者の方々に向けた講座などの講師、本やサイトづくり…などの仕事をしています。社会福祉士です。

障害のある人のためのワークブック

だいじなお金のじょうずなつかい方・まもり方

2024 年 5 月 21 日　初版第 1 刷発行

著　　　江國 泰介
発行者　加藤 勝博
発行所　株式会社 ジアース教育新社
　　　　〒 101-0054　東京都千代田区神田錦町 1-23　宗保第 2 ビル
　　　　TEL：03-5282-7183　　FAX：03-5282-7892
　　　　Mail：info@kyoikushinsha.co.jp
　　　　URL：https://www.kyoikushinsha.co.jp/

© Taisuke Ekuni, 2024, Printed in Japan
ISBN978-4-86371-684-1

表紙デザイン　宇都宮 政一
イラスト　いらすとや（みふね たかし）
本文デザイン・DTP　株式会社 彩流工房
印刷・製本　シナノ印刷 株式会社